1 かん字の よみ 1

シール

ごうかく 13 / 16

とくてん

◆ かん字の よみがなを ──せんの みぎに

□ 1 こうえんの 草むらで 虫[2]を つかまえた。

□ 2 いえから しらない 人[3]が 出[4]て きた。

□ 3 ひがしの 空[5]に あさ日[6]が のぼった。

□ 4 みちばたで きいろい 花[7]を 見[8]つけた。

□ 5 はまべで 小[9]さな 貝[10]がらを ひろった。

□ 6 にわの 木[11]に 水[12]やりを する。

□ 7 車[13]に のって となり町[14]へ いった。

□ 8 お正月[15]に たくさん お年玉[16]を もらった。

10級

答え

2 かん字の よみ 2

シール

ごうかく 13／16

とくてん

◆つぎの ——せんの かん字の よみがなを ——せんの みぎに かきなさい。

□ 1 [1]右から [2]左に むかって はしる。

□ 2 たこあげで [3]天まで [4]上がれと さけんだ。

□ 3 こくばんに [5]力づよい [6]字を かいた。

□ 4 もらった [7]犬に [8]名まえを つける。

□ 5 あさい [9]川の ながれに [10]足を つけた。

□ 6 あしたから、[11]学校は なつ[12]休みだ。

□ 7 [13]男の 人が [14]山みちを のぼって いった。

□ 8 [15]五円こうかが [16]七まい ある。

3 かん字の よみ 3

シール

ごうかく 13／16

とくてん

◆つぎの ——せんの かん字の よみがなを ——せんの みぎに かきなさい。

□ 1 百より 千[1]の ほうが 大[2]きい。

□ 2 はげしい 雨[3]の 中[4]を 出かけて いった。

□ 3 子[5]どもたちが たき火[6]に あたって いる。

□ 4 夕[7]やけで にしの 空が 赤[8]く そまった。

□ 5 木[9]よう日に 音[10]がくの じかんが ある。

□ 6 王[11]さまが けらいを つれて 森[12]へ いく。

□ 7 この 先[13]の 四[14]つかどを まがる。

□ 8 にわの 竹[15]が 二[16]かいまで のびた。

答え

4 かん字の よみ 4

シール

ごうかく 13 / 16

とくてん

◆つぎの ——せんの かん字の よみがなを ——せんの みぎに かきなさい。

□ 1 いなかで [1]田うえの [2]手つだいを した。

□ 2 かぜが ふいて [3]目に ごみが [4]入った。

□ 3 [5]一年の クラスが えん[6]足に いった。

□ 4 [7]村はずれに おじぞうさんが [8]立って いる。

□ 5 [9]十さいくらいの [10]女の子が いた。

□ 6 [11]林の おくまで [12]月の ひかりが とどく。

□ 7 [13]気もちの よい [14]青空が ひろがる。

□ 8 [15]左右と [16]上下の ながさを はかる。

5 かん字の よみ 5

シール

ごうかく 13／16

とくてん

◆つぎの ――せんの かん字の よみがなを ――せんの みぎに かきなさい。

□ 1 うみからの かぜの 音[1]に 耳[2]を すます。

□ 2 土[3]の 上に かきが 六[4]こ おちて いた。

□ 3 水[5]へいせんに 早[6]くも 日が のぼる。

□ 4 白[7]い け糸[8]の マフラーを あんで もらう。

□ 5 おしらせの 文[9]を 三[10]かいも かきなおした。

□ 6 先生[11]と いっしょに 花[12]だんを つくる。

□ 7 きのうまでに 八[13]さつの 本[14]を よんだ。

□ 8 金[15]いろを した こん虫[16]が とんで いる。

10級

答え

6 かん字の よみ 6

シール

ごうかく 13 / 16

とくてん

◆つぎの ——せんの かん字の よみがなを ——せんの みぎに かきなさい。

□ 1 二年に なると 九九[1]を 学[2]ぶ。

□ 2 七人[3]の かぞくが 円[4]い テーブルを かこむ。

□ 3 町立[5]としょかんは 休日[6]も ひらいて いる。

□ 4 男女[7]の サッカーチームが 出[8]ぱつした。

□ 5 ろう下[9]に しょう火[10]きを おいた。

□ 6 まるい 石[11]ころを 百[12]こ ひろいあつめる。

□ 7 足[13]しざんを 正[14]しく けいさんする。

□ 8 でん車[15]の はしる 音を 口[16]まねする。

7 かん字の よみ 7

シール

ごうかく 13／16

とくてん

◆つぎの ——せんの かん字の よみがなを ——せんの みぎに かきなさい。

□ 1 年中[1]、休[2]まない みせが ある。

□ 2 大小[3]の くつが 十足[4]も ある。

□ 3 青[5]しゅんを たのしむ。

□ 4 あと一[6]いきで ちょう上[7]だ。

□ 5 力[8]しが 土[9]ひょうで 四[10]つんばいに なる。

□ 6 ゆう名[11]な 火山[12]が ある。

□ 7 雨天[13]でも 花見[14]は します。

□ 8 音[15]いろの きれいな 竹[16]ぶえだ。

8 かん字の よみ 8

シール

ごうかく 13／16

とくてん

◆つぎの ――せんの かん字の よみがなを ――せんの みぎに かきなさい。

□ 1 六年生[1]と手[2]をつなぐ。

□ 2 人[3]げんの出入り[4]がおおい。

□ 3 百円玉[5]を大[6]せつにする。

□ 4 生[7]まれたての子犬[8]はかわいい。

□ 5 空[9]っぽのビルが林立[10]している。

□ 6 上[11]がり下[12]がりのおおい町。

□ 7 人生[13]について文学[14]から学ぶ。

□ 8 かけ足[15]であちこちを見[16]ぶつする。

9 かん字の よみ 9

シール

ごうかく 13/16

とくてん

◆つぎの ——せんの かん字の よみがなを ——せんの みぎに かきなさい。

□ 1 水車[1]がすばやく早[2]くまわっている。

□ 2 三男[3]はあかるいので人気[4]がある。

□ 3 あい犬[5]にはが生[6]えてきた。

□ 4 川上[7]から　川下[8]にむかう。

□ 5 みんながちゅう目[9]する女王[10]さま。

□ 6 ゴールを目[11]ざしてど力[12]する。

□ 7 村人[13]がさり、人口[14]がへった。

□ 8 みんな円[15]くなりたき火[16]にあたる。

10級　答え

10 かん字の よみ 10

シール

ごうかく 13 / 16

とくてん

◆つぎの ――せんの かん字の よみがなを ――せんの みぎに かきなさい。

□ 1 [1]山に[2]夕日がしずんでいく。

□ 2 [3]早ちょうに[4]出きんする。

□ 3 [5]正もんで[6]王子さまをむかえる。

□ 4 [7]千日も[8]山中でしゅぎょうをする。

□ 5 [9]九かいから[10]見下ろしたながめ。

□ 6 お[11]金があとすこし[12]足りない。

□ 7 すでに[13]三日月が[14]上っている。

□ 8 [15]七かいころんで[16]八かいおきあがる。

11 かん字の かき 1

シール

ごうかく 13/16

とくてん

◆つぎの □の なかに かん字を かきなさい。

□ 1 まどを あけて おいしい 1□《くう》2□《き》を すう。

□ 2 3□《かわ》ぎしを 4□《いぬ》が かけまわる。

□ 3 5□《はや》おきして となり 6□《むら》まで いく。

□ 4 ねん 7□《ど》で 8□《ちい》さな ねこを つくる。

□ 5 はるに さく 9□《はな》の 10□《な》を おぼえる。

□ 6 11□《かい》がらを 12□《い》れる はこを つくる。

□ 7 13□《くさ》むらの 14□《なか》へ ねこが にげた。

□ 8 かぞくで 15□《しん》16□《りん》こうえんに いく。

12 かん字の かき 2

◆つぎの □ の なかに かん字を かきなさい。

□ 1 [1]□《せん》[2]□《ねん》まえの できごとを しらべる。

□ 2 父《ちち》は [3]□《ひゃっ》[4]□《ぽん》の バラを そだてて いる。

□ 3 [5]□《いち》、[6]□《に》、三と かけごえを かける。

□ 4 [7]□《た》んぼで かえるを [8]□《み》つけた。

□ 5 うさぎの [9]□《みみ》は ながくて [10]□《め》は つぶらだ。

□ 6 いすの [11]□《うえ》に かみを [12]□《ろく》まい おく。

□ 7 [13]□《せん》[14]□《せい》から はなしを きく。

□ 8 [15]□《おんな》の 子が け[16]□《いと》の くつ下を はく。

シール

ごうかく 13 / 16

とくてん

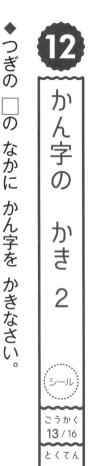

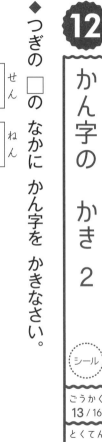

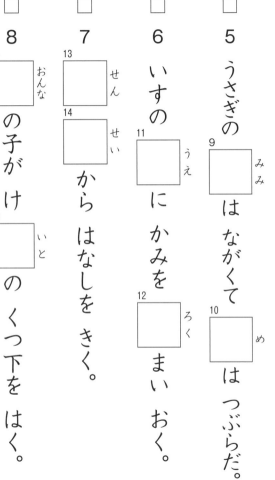

13 かん字の かき 3

シール

ごうかく 13/16

とくてん

◆つぎの □の なかに かん字を かきなさい。

□ 1 ガムが [1]□《ご》こ あめが [2]□《きゅう》こ ある。

□ 2 きょうは よい [3]□《てん》[4]□《き》だ。

□ 3 かわらで [5]□《こ》[6]□《いし》を ひろいあつめる。

□ 4 [7]□《むし》が おしべの [8]□《か》ふんを はこぶ。

□ 5 [9]□《しろ》い わたげが [10]□《あお》空に まう。

□ 6 こまの つくりかたを [11]□《めい》人に [12]□《まな》ぶ。

□ 7 お[13]□《しょう》[14]□《がつ》に たこあげを した。

□ 8 [15]□《まち》に [16]□《なな》いろの ふん水が ある。

14 かん字の かき 4

シール

ごうかく 13 / 16

とくてん

◆つぎの □の なかに かん字を かきなさい。

□ 1 [1]□《おん》がくに あわせて [2]□《あし》ぶみする。

□ 2 [3]□《みぎ》から [4]□《ひだり》へ うごく。

□ 3 [5]□《おお》きな 川を ボートで [6]□《くだ》る。

□ 4 みんなで [7]□《て》を つなぎ、[8]□《えん》を つくる。

□ 5 なつ [9]□《やす》み、[10]□《い》きものずかんを かりた。

□ 6 しっかりと [11]□《くち》を あけ、[12]□《ぶん》を よむ。

□ 7 [13]□《とし》の はじめ、[14]□《くるま》で りょこうする。

□ 8 [15]□《ちから》もちの [16]□《おとこ》の 人が いた。

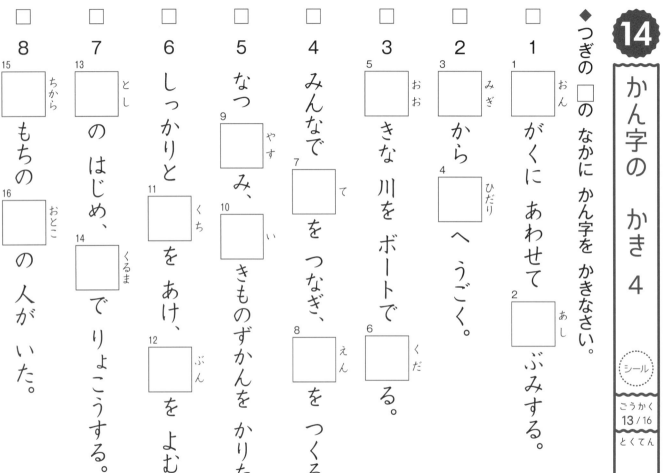

15 かん字の かき 5

◆つぎの □の なかに かん字を かきなさい。

□ 1 はまべに 1□《た》って 2□《ゆう》日を ながめる。

□ 2 うら 3□《やま》の 4□《はやし》を たんけんした。

□ 3 5□《か》よう日に 6□《こ》どもかいが ある。

□ 4 にしの 7□《そら》が 8□《あか》く そまる。

□ 5 9□《もり》の 10□《き》の はが いろづく。

□ 6 けん 11□《だま》や 12□《たけ》トンボで あそんだ。

□ 7 13□《あめ》が ふって 14□《みず》たまりが できた。

□ 8 あねと いっしょに 15□《がっ》16□《こう》へ いく。

シール

ごうかく 13 / 16

とくてん

16 かん字の かき 6

シール

ごうかく 13/16

とくてん

◆つぎの □の なかに かん字を かきなさい。

□ 1 げんかんに (1)□《はっ》(2)□《そく》の くつが ある。

□ 2 (3)□《つち》の (4)□《した》で じゃがいもが そだつ。

□ 3 あきの (5)□《じゅう》(6)□《ご》やの 月を ながめる。

□ 4 (7)□《おう》さまが (8)□《きん》の かんむりを かぶる。

□ 5 (9)□《さん》月、つくしが かおを (10)□《だ》した。

□ 6 かぞく (11)□《よ》(12)□《にん》で スキーに いった。

□ 7 男 (13)□《じょ》が 一りん (14)□《しゃ》に のって あそぶ。

□ 8 ピアノの (15)□《ただ》しい (16)□《おと》を ききわける。

17 かん字の かき 7

シール

ごうかく 13／16

とくてん

◆つぎの □ の なかに かん字を かきなさい。

□ 1 1□《もり》に 2□《はい》ってあそぶ。

□ 2 3□《だい》4□《しょう》のやまがつらなる。

□ 3 こん5□《ちゅう》を6□《み》つけたよ。

□ 4 7□《ど》8□《て》をすべりおりる。

□ 5 9□《げ》10□《しゃ》するえきをまちがえる。

□ 6 やる11□《き》が12□《から》まわりする。

□ 7 13□《もく》よう14□《び》がすきだ。

□ 8 むかしの15□《じっ》16□《て》がみつかった。

18 かん字の かき 8

シール

ごうかく 13/16

とくてん

◆つぎの □の なかに かん字を かきなさい。

□ 1 [1]□《だん》[2]□《し》だけですもうをとる。

□ 2 [3]□《ご》[4]□《もく》ごはんをたく。

□ 3 [5]□《さき》に[6]□《しゅっ》ぱつする。

□ 4 ブームが[7]□《した》[8]□《び》となる。

□ 5 [9]□《はく》えんがたち[10]□《のぼ》る。

□ 6 [11]□《さ》[12]□《ゆう》にゆれるひとびと。

□ 7 ねん[13]□《りき》でゆう[14]□《めい》な人。

□ 8 [15]□《つち》のだん[16]□《ご》をつくる。

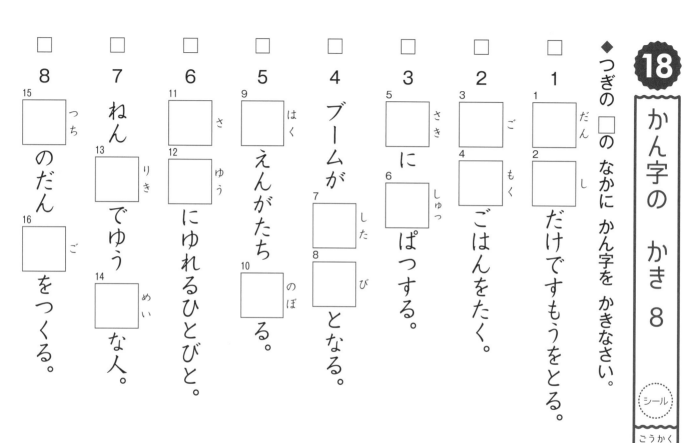

19 かん字の かき 9

シール

ごうかく 13/16

とくてん

◆つぎの□の なかに かん字を かきなさい。

1 1□《ひゃく》の 2□《あし》とかいてムカデとよむ。

2 3□《すい》てきのついた 4□《か》びん。

3 5□《あま》だれの 6□《おと》をきく。

4 7□《ひと》に 8□《や》つあたりする。

5 9□《ほん》を 10□《た》てるたながほしい。

6 11□《し》かくいいすが 12□《ここの》つある。

7 13□《にゅう》いんは 14□《に》どとごめんだ。

8 15□《おう》16□《じょ》さまにおあいする。

20 かん字の かき 10

シール

ごうかく 13 / 16

とくてん

◆つぎの □ の なかに かん字を かきなさい。

□ 1 1□《いっ》2□《せき》二ちょうということばがある。

□ 2 3□《あま》の川が 4□《そら》にかかっている。

□ 3 5□《ちゅう》6□《りつ》なかんがえかたをする。

□ 4 7□《せい》8□《ねん》がわらいかける。

□ 5 うちは 9□《しち》10□《にん》かぞくだ。

□ 6 11□《じょう》12□《げ》さかさまのちず。

□ 7 13□《ひ》の 14□《け》があるとこわいよ。

□ 8 15□《なま》チョコはなん 16□《えん》ですか。

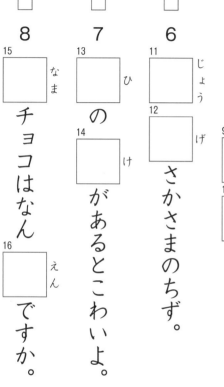

21

よみがな 1

シール

ごうかく 6/7

とくてん

◆つぎの かん字の よみがなで ただしい ほうの ばんごうに ○を つけなさい。

1 百年 □
1 ひゃくねん
2 ひやくねん

2 日本 □
1 につぽん
2 にっぽん

3 入学 □
1 にゅうがく
2 にゆうがく

4 花火 □
1 はなび
2 はなひ

5 一本 □
1 いっぽん
2 いつぽん

6 先生 □
1 せんせえ
2 せんせい

7 大石 □
1 おおいし
2 おういし

10級 答え

22

よみがな 2

シール

ごうかく 6/7

とくてん

◆つぎの　かん字の　よみがなで　ただしい　ほうの　ばんごうに
○を　つけなさい。

□ 1 七草
1 ななくさ
2 しちくさ

□ 2 名犬
1 めえけん
2 めいけん

□ 3 九百
1 きゅうひゃく
2 きゆうひやく

□ 4 王子
1 おうじ
2 おおじ

□ 5 八千
1 はっせん
2 はつせん

□ 6 休日
1 きゅうじつ
2 きゅうぢつ

□ 7 大小
1 だいしょお
2 だいしょう

23 よみがな3

シール

ごうかく 6/7

とくてん

◆つぎの　かん字の　よみがなで　ただしい　ほうの　ばんごうに
○を　つけなさい。

1 上下
1 じょうげ
2 じようげ
□

2 四日
1 よつか
2 よっか
□

3 十円
1 じゅうえん
2 じゆうえん
□

4 女子
1 ぢょし
2 じょし
□

5 水玉
1 みずたま
2 みづたま
□

6 町名
1 ちょうめい
2 ちょうめえ
□

7 六本
1 ろつぽん
2 ろっぽん
□

24

よみがな 4

シール

ごうかく 6/7

とくてん

◆つぎの　かん字の　よみがなで　ただしい　ほうの　ばんごうに
○を　つけなさい。

□ 1 見本
1 みほん
2 けんぽん

□ 2 女王
1 じょうおう
2 じょおう

□ 3 小石
1 こせき
2 こいし

□ 4 雨水
1 あまみず
2 あめみず

□ 5 上空
1 じょおくう
2 じょうくう

□ 6 百本
1 ひゃくほん
2 ひゃっぽん

□ 7 九日
1 くにち
2 ここのか

25 かきじゅん 1

シール

ごうかく 13/16

とくてん

◆つぎの かん字の ふといところは なんばんめに かきますか。◯の なかに すう字を かきなさい。

1 先

2 水

3 字

4 円

5 口

6 田

7 森

8 目

9 男

10 耳

11 金

12 玉

13 川

14 竹

15 赤

16 白

26 かきじゅん 2

◆つぎの かん字の ふといところは なんばんめに かきますか。○の なかに すう字を かきなさい。

1	2	3	4	5	6	7	8
音	空	右	村	夕	正	草	校
○	○	○	○	○	○	○	○

9	10	11	12	13	14	15	16
貝	青	文	力	木	休	立	糸
○	○	○	○	○	○	○	○

シール

ごうかく 13 / 16

とくてん

27 かきじゅん 3

◆つぎの かん字の ふといところは なんばんめに かきますか。
○の なかに すう字を かきなさい。

シール

ごうかく 13/16

とくてん

1 車

2 下

3 雨

4 足

5 気

6 花

7 四

8 町

9 林

10 早

11 左

12 虫

13 出

14 手

15 九

16 天

28 かきじゅん 4

シール

ごうかく 13 / 16

とくてん

◆つぎの かん字の ふといところは なんばんめに かきますか。◯の なかに すう字を かきなさい。

1	2	3	4	5	6	7	8
七	学	五	百	名	山	石	火
9	10	11	12	13	14	15	16
年	上	見	生	六	本	十	入

29 かくすう 1

シール

ごうかく 13 / 16

とくてん

◆つぎの かん字の ふとい ところは おわりに かきます。なんばんめに かくか、○の なかに すう字を かきなさい。

□	□	□	□	□	□	□	□
1	2	3	4	5	6	7	8
雨	火	下	左	年	田	林	六
○	○	○	○	○	○	○	○

□	□	□	□	□	□	□	□
9	10	11	12	13	14	15	16
女	月	金	王	山	石	名	本
○	○	○	○	○	○	○	○

30 かくすう２

◆つぎの　かん字の　ふとい　ところは　おわりに　かきます。なんばんめに　かくか、◯の　なかに　すう字を　かきなさい。

シール

ごうかく 13／16

とくてん

1 花 ◯
2 町 ◯
3 出 ◯
4 早 ◯
5 見 ◯
6 虫 ◯
7 学 ◯
8 手 ◯

9 中 ◯
10 生 ◯
11 犬 ◯
12 気 ◯
13 足 ◯
14 天 ◯
15 右 ◯
16 車 ◯

31

かくすう3

シール

ごうかく 13／16

とくてん

◆つぎの かん字の ふとい ところは おわりに かきます。なんばんめに かくか、○の なかに すう字を かきなさい。

1 □ 赤 ○

2 □ 森 ○

3 □ 百 ○

4 □ 青 ○

5 □ 耳 ○

6 □ 円 ○

7 □ 男 ○

8 □ 糸 ○

9 □ 貝 ○

10 □ 音 ○

11 □ 夕 ○

12 □ 校 ○

13 □ 空 ○

14 □ 五 ○

15 □ 先 ○

16 □ 立 ○

32 おんよみと くんよみ 1

シール

ごうかく 6/8

とくてん

◆つぎの ――せんの かん字の よみがなを ――せんの みぎに かきなさい。

1 きょうは 月よう日だけど 休みだ。 □

2 ひがしの 空に お月さまが のぼった。 □

3 みんなで 学きゅういいんを えらんだ。 □

4 村の れきしに ついて 学んだ。 □

5 かみねん土で 犬を つくった。 □

6 はたけの 土を ほって たねを まく。 □

7 いもうとが 一りん車に のって あそぶ。 □

8 おとうさんが あたらしい 車を かった。 □

33

おんよみと くんよみ 2

シール

ごうかく 6/8

とくてん

◆つぎの ――せんの かん字の よみがなを ――せんの みぎに かきなさい。

1 たくさんの ばらを 花びんに さす。
2 はるの のはらに 花を つみに いく。
3 サッカーの しあいが 九じに はじまる。
4 どんぐりで こまを 九つ つくった。
5 おじいさんは さかなつりの 名人だ。
6 生まれた 子ねこに 名まえを つける。
7 音がくに あわせて こうしんする。
8 とおくから 音が きこえた。

10級

答え

34 おんよみと くんよみ 3

シール

ごうかく 6/8

とくてん

◆つぎの ——せんの かん字の よみがなを ——せんの みぎに かきなさい。

1 お正月に かぞくで りょこうする。

2 ノートに かん字を 正しく かく。

3 いけの 金ぎょに えさを やる。

4 ためた お金で プレゼントを かう。

5 たくさんの 人と あく手を する。

6 マフラーと 手ぶくろを かう。

7 すみきった 山の 空気を すう。

8 はれた 空に 目を むける。

35 おんよみと くんよみ 4

シール

ごうかく 6/8

とくてん

◆つぎの ――せんの かん字の よみがなを ――せんの みぎに かきなさい。

1 町ないかいのイベントにいく。□

2 わたしの町はとてもきれいだ。□

3 テストは力でがんばるぞ。□

4 みんなと力をあわせたい。□

5 ばく竹がはじける。□

6 おじいさんが竹をきる。□

7 せい糸こうじょうがある。□

8 きぬ糸でししゅうをする。□

36 おんよみと くんよみ 5

シール

ごうかく 6/8

とくてん

◆つぎの ——せんの かん字の よみがなを ——せんの みぎに かきなさい。

1 ぶかつの先ぱいはやさしい。 □

2 ぼくはつかれて先にねた。 □

3 パトカーが出どうする。 □

4 おとうさんと出かける。 □

5 右せつする車にちゅういする。 □

6 みちの右がわをあるく。 □

7 いもうとの入えんしきについていく。 □

8 シュートがうまく入った。 □

37 おんよみと くんよみ 6

シール

ごうかく 6/8

とくてん

◆つぎの ――せんの かん字の よみがなを ――せんの みぎに かきなさい。

1 こんどの見学かいはたのしみだ。 □

2 サッカーのしあいを見にいく。 □

3 早しゅんのやわらかなかぜがふく。 □

4 早口ことばはおもしろい。 □

5 こんなに天じょうがたかいなんて。 □

6 天の川がかがやいている。 □

7 おとうとが中耳えんになる。 □

8 耳よりなはなしがある。 □

10級

答え

38 たいぎご・るいぎご 1

シール

ごうかく 13／16

とくてん

◆つぎの □の なかに かん字を かきなさい。

□ 1 くろ……□《しろ》

□ 2 はれ……□《あめ》

□ 3 下……□《うえ》

□ 4 大……□《しょう》

□ 5 すな……□《つち》

□ 6 おそい……□《はや》い

□ 7 四かく……□《さん》かく

□ 8 けらい……□《おう》さま

□ 9 花……□《くさ》

□ 10 町……□《むら》

□ 11 空……□《てん》

□ 12 山……□《かわ》

□ 13 千円……□《ひゃく》円

□ 14 はたらく……□《やす》む

□ 15 おや……□《こ》

□ 16 あさ日……□《ゆう》日

10級

答え

39 たいぎご・るいぎご 2

シール

ごうかく 13 / 16

とくてん

◆つぎの□の なかに かん字を かきなさい。

1 火……□《みず》

2 手……□《あし》

3 はな……□《みみ》

4 林……□《もり》

5 赤……□《あお》

6 そと……□《なか》

7 目……□《くち》

8 はたけ……□《た》んぼ

9 女……□《おとこ》

10 すわる……□《た》つ

11 うめ……□《たけ》

12 はり……□《いと》

13 さかな……□《かい》

14 ことば……□《ぶん》しょう

15 右がわ……□《ひだり》がわ

16 いわ……□《いし》

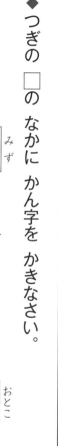

40

たいぎご・るいぎご 3

シール

ごうかく 13/16

とくてん

◆つぎの □の なかに かん字を かきなさい。

□ 1 なまける…□《まな》ぶ

□ 2 入れる…□《だ》す

□ 3 あと…□《さき》

□ 4 ねこ…□《いぬ》

□ 5 円…□《たま》

□ 6 日…□《つき》

□ 7 きく…□《み》る

□ 8 百人…□《せん》にん

□ 9 七ころび…□《や》おき

□ 10 しゅく日…□《きゅう》日

□ 11 ふね…□《くるま》

□ 12 あぐら…□《せい》ざ

□ 13 文…□《じ》

□ 14 しぬ…□《い》きる

□ 15 ぎん…□《きん》

□ 16 こころ…□《き》もち

じつりょくかんせいテスト1

シール

じかん 40ぷん

ごうかく 120/150

とくてん

1 つぎの ——せんの **かん字**の **よみがな**を ——せんの **みぎ**に かきなさい。 (40) 2×20

1 [1]天気が よい [2]日には [3]林の うえを [4]白い とりが とぶ。

2 [5]夕がた、にしの 空に うかぶ [6]月を [7]子どもたちが ながめて いた。

3 かぞく みんなで [8]赤い [9]車に のって [10]町へ [11]出かけた。

4 [12]雨が ふったので [13]休みの じかんに シャボン[14]玉を した。

5 [15]一かたまりの ねん[16]土で 小さな [17]人ぎょうを つくった。

6 [18]山の てっぺんから [19]金いろに かがやく [20]円い たいようが のぼった。

2 つぎの **かん字の よみがな** で ただしいほうの **ばんごう**に ◯を つけなさい。 (10) 2×5

1 王子
1 おうじ
2 おおじ

2 八本
1 はっぽん
2 はつぽん

3 人名
1 じんめい
2 じんめえ

4 中小
1 ちゅうしょう
2 ちゅうしよう

5 九円
1 きゆうえん
2 きゅうえん

3 つぎの **かん字の ふとい ところ**は **なんばんめ**に かき ますか。◯の なかに **すう字**を かきなさい。 (10) 1×10

1 村 ◯
2 円 ◯
3 字 ◯
4 力 ◯
5 名 ◯
6 金 ◯
7 気 ◯
8 校 ◯
9 五 ◯
10 王 ◯

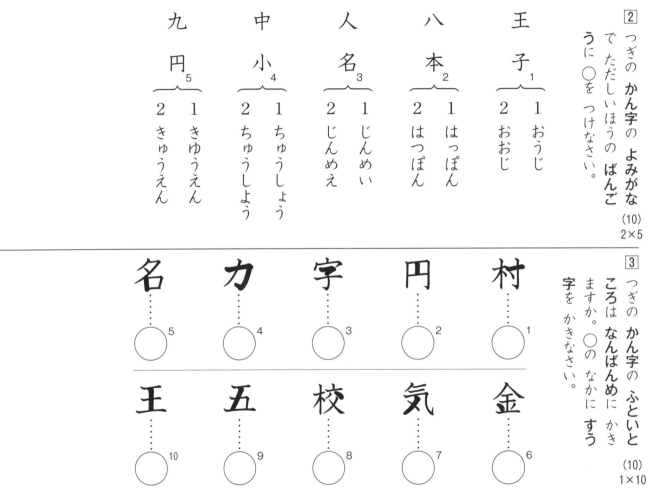

10級 答え

4 □に **ひらがな**を **一字** かいて、つぎの **ことば**の **よみ**を こたえなさい。 (10) 1×10

（れい　ふじ山…ふじ[さ]ん）

休む……1 □ すむ

花火……はな 2 □

空気……3 □ うき

糸車……いと 4 □ るま

森林……5 □ んりん

貝がら……6 □ いがら

大川……お 7 □ かわ

先生……8 □ んせい

玉石……9 □ ょくせき

学校……がっ 10 □ う

---

5 つぎの ——せんの **かん字**の **よみがな**を ——せんの **みぎ**に かきなさい。 (20) 2×10

水(1)そうで めだかを かう。

なつに 水(2)あそびを する。

木(3)よう日に 町へ いった。

にわの 木(4)に とりが とまる。

えん足(5)で 山へ いった。

りょう足(6)に けがを した。

ちかくで 火(7)じが あった。

ろうそくに 火(8)を つける。

ろう下(9)は しずかに あるく。

ペンが いすの 下(10)に おちた。

6 つぎの □の なかに **かん字** を かきなさい。 (20) 2×10

女……1 □《おとこ》

ねこ……2 □《いぬ》

まつ……3 □《たけ》

え……4 □《ぶん》

林……5 □《もり》

はたけ……6 □《た》

おそい……7 □《はや》い

出す……8 □《い》れる

まる……9 □《し》かく

すわる……10 □《た》つ

---

7 つぎの □の なかに **かん字** を かきなさい。 (40) 2×20

1

1 □《さん》じかんめの 2 □《おん》がくの じかんに 3 □《せん》生が ピアノを ひいて いた。

2

山の 4 □《うえ》に つづく 5 □《いし》だんを 6 □《ひゃく》だんも のぼった。

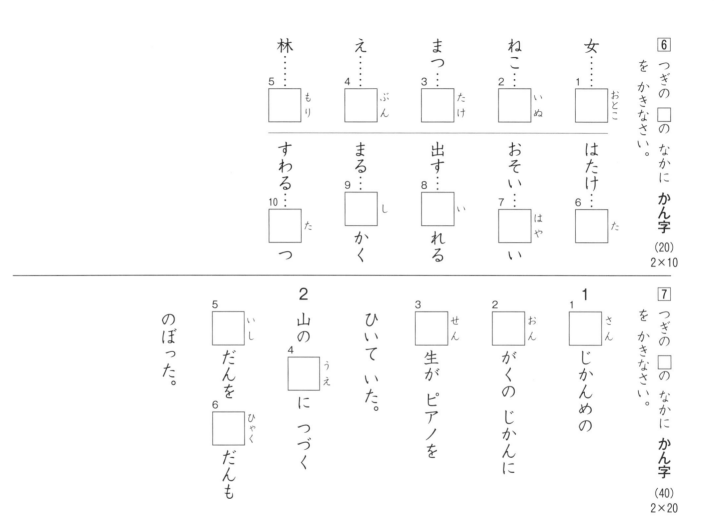

3

7□《はな》と 8□《くさ》で つくった
くびかざりと
9□《あお》い ふくを
プレゼントした。

4

10□《おお》きな 11□《かい》がらを
12□《じっ》こ ひろった。

5

おうだんほどうは
13□《みぎ》みて 14□《ひだり》みて
15□《て》を あげて わたる。

6

16□《かわ》ぎしで あきの
17□《むし》が ないて いる。

7

ほうかご 18□《がっ》校で
19□《め》と 20□《みみ》の
けんさを した。

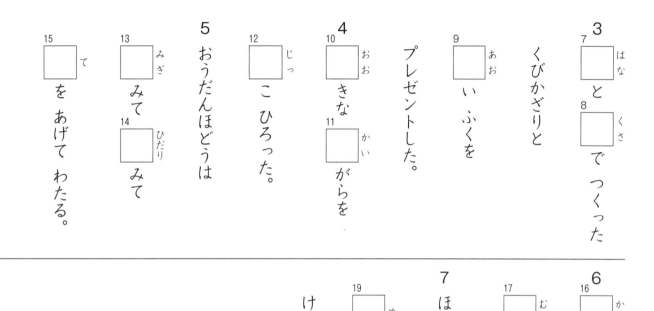

じつりょくかんせいテスト２

シール

じかん 40ぷん

ごうかく 120/150

とくてん

1 つぎの ——せんの **かん字**の **よみがな**を ——せんの **みぎ**に かきなさい。 (40) 2×20

1　五月[1]の 空[2]に 七[3]いろの にじが かかる。

2　あさ 早[4]くから 村[5]の 人[6]たちが はたけで はたらく。

3　小[7]さな ありが 一[8]ぴき ゆびの 先[9]を はって いる。

4　めずらしい 石[10]を 八[11]こ 見[12]つけた。

5　森[13]の 中[14]から ふしぎな 音[15]が きこえて くる。

6　木[16]よう日[17]に デパートで 本[18]を かった。

7　ろう下[19]で ともだちと 立[20]ちばなしを した。

2 つぎの かん字の よみがなで ただしいほうの ばんごうに ○を つけなさい。 (10) 2×5

1 日本
1 につぽん
2 にっぽん

2 百年
1 ひゃくねん
2 ひやくねん

3 女王
1 じょおお
2 じょおう

4 四日
1 よっか
2 よつか

5 十本
1 じっぽん
2 じつぽん

3 つぎの かん字の ふといところは なんばんめに かきますか。○の なかに かきすう字を かきなさい。 (10) 1×10

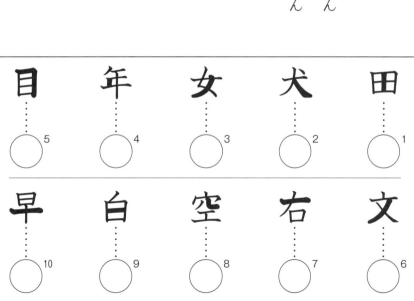

1 田 ○
2 犬 ○
3 女 ○
4 年 ○
5 目 ○
6 文 ○
7 右 ○
8 空 ○
9 白 ○
10 早 ○

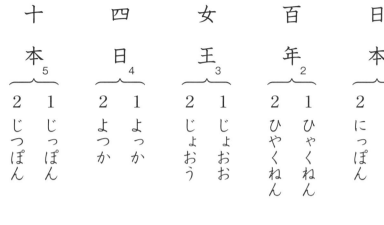

4 □に **ひらがな**を **一字** かいて、つぎの **ことば**の **よみ**を こたえなさい。 (10) 1×10

（れい ふじ山……ふじ[さ]ん）

左右……さ 1□ う

本名……ほん 2□ ょう

出口……3□ ぐち

夕日……4□ うひ

見学……けん 5□ く

上下……じょう 6□

木立……7□ だち

町村……ちょう 8□ ん

天空……9□ んくう

男女……だん 10□ ょ

---

5 つぎの ——せんの **かん字**の **よみがな**を ——せんの **みぎ**に かきなさい。 (20) 2×10

1 学きゅういいんを えらぶ。

2 ほしに ついて 学ぶ。

3 みかんを 二こ たべた。

4 二とおりの やりかたが ある。

5 先生に ピアノを ならう。

6 いもうとが 生まれた。

7 九じに えきに ついた。

8 ケーキを 九つ かった。

9 男子だけが あつまった。

10 男の 人が やって きた。

10級

答え

6 つぎの □ の なかに **かん字** を かきなさい。 (20) 2×10

まる…1 □《えん》

ぎん…2 □《きん》

どろ…3 □《つち》

右…4 □《ひだり》

森…5 □《はやし》

小…6 □《だい》

目…7 □《くち》

百…8 □《せん》

さかな…9 □《かい》

下がる…10 □《あ》がる

7 つぎの □ の なかに **かん字** を かきなさい。 (40) 2×20

1

1 □《やす》みの 日に かぞく みんなで かいものに 2 □《まち》へ 3 □《で》かけた。

2

4 □《あめ》が ふりつづいて、5 □《こう》ていに たくさんの 6 □《みず》たまりが できた。

3

[7]□《やま》で つかまえた
こん虫の [8]□《ただ》しい
[9]□《な》まえを ずかんで
しらべた。

4

[10]□《てん》[11]□《き》が いいので
じてん[12]□《しゃ》で はしった。

5

ふくろに ビー[13]□《だま》が
[14]□《ろっ》こ[15]□《はい》って いる。

6

[16]□《ゆう》やけが にしの 空を
[17]□《あか》く そめて いる。

7

[18]□《か》よう日に いった
えん[19]□《そく》で、
うみに むかって
[20]□《ちから》いっぱい さけんだ。

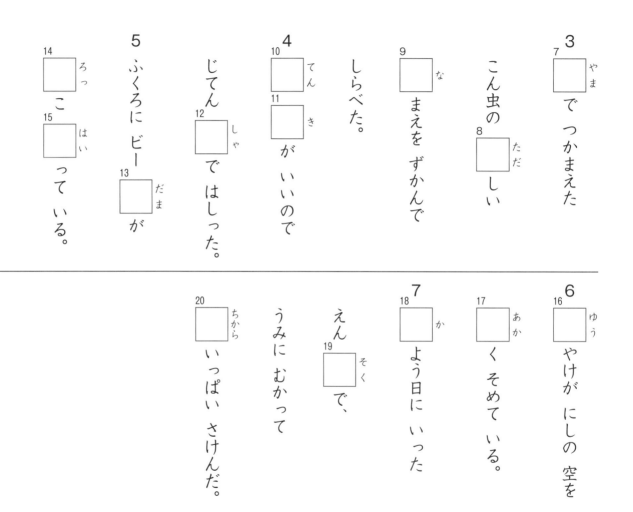

答え

（×はまちがえやすい例です）

1 かん字の よみ 1

1 くさ
2 むし
3 ひと
4 で
5 そら
6 ひ
7 はな
8 み
9 ちい

注意
「ちい(さい)」「こ」「お」の訓読みと「ショウ」という音読みがある。

10 かい ×み
11 き
12 みず
13 くるま
14 まち
15 しょうがつ
16 としだま

2 かん字の よみ 2

1 みぎ
2 ひだり

注意
1と2を合わせ「左右(さゆう)」と音読みする。

3 てん
4 あ

注意
「のぼ(る)」「うえ」「かみ」などの訓読みもある。

5 ちから
6 じ
7 いぬ
8 な
9 かわ
10 あし
11 がっこう
12 やす
13 おとこ
14 やま
15 ごえん
16 しち(なな)

3 かん字の よみ 3

1 せん
2 おお ×おう
3 あめ
4 なか
5 こ
6 び ×ひ
7 ゆう
8 あか
9 もく
10 おん
11 おう
12 もり
13 さき
14 よ ×よん
15 たけ
16 に

4 かん字の よみ 4

1 た
2 て
3 め
4 はい
5 いちねん
6 そく
7 むら
8 た
9 じっ
10 おんな
11 はやし
12 つき
13 き
14 あおぞら

注意
「ぞら」と読む。このような例として、「大空」「星空」などがある。

15 さゆう
16 じょうげ

5 かん字の よみ 5

1 おと
2 みみ
3 つち
4 ろっ
5 すい
6 はや
7 しろ
8 いと
9 ぶん
10 さん
11 せんせい
12 か
13 はっ
（はち）
14 ほん
15 きん
16 ちゅう

6 かん字の よみ 6

1 くく
2 まな
3 しちにん
（ななにん）
4 まる
5 ちょうりつ
6 きゅうじつ
7 だんじょ
8 しゅっ
9 か
10 か
11 いし
12 ひゃっ

注意
「百円」など「ひゃく」と読むのがふつうだが、「百本」など「ひゃっ」と読む熟語もある。

13 た
14 ただ
15 しゃ
16 くち

7 かん字の よみ 7

1 ねんじゅう
2 やす
3 だいしょう
4 じっそく
5 せい
6 ひと
7 じょう
8 りき

注意
「ちから」の訓読みと「リキ」「リョク」の音読みがある。

9 ど
10 よ
11 めい
12 かざん
13 うてん
14 はなみ
15 ね
16 たけ

8 かん字の よみ 8

1 ろくねんせい
2 て
3 にん
4 でい
5 ひゃくえんだま
6 たい
7 う

注意
「う（まれる）」「い（きる）」「は（える）」「なま」の訓読みと「セイ」「ショウ」の音読みがある。

8 こいぬ
9 から
10 りんりつ
11 あ
12 さ
13 じんせい
14 ぶんがく
15 あし
16 けん

9 かん字の よみ 9

1 すいしゃ
2 ばや
3 さんなん
4 にんき
5 けん
6 は
7 かわかみ
8 かわしも
9 もく
10 じょおう
11 め
12 りょく
13 むらびと
14 じんこう
15 まる
16 び ×ひ

10 かん字の よみ 10

1 やま
2 ゆうひ
3 そう
4 しゅっ
5 せい
6 おうじ ×おおじ
7 せんにち
8 さんちゅう ×やまなか
9 きゅう
10 みお

注意 「お(ろす)」「した」「しも」「さ(げる)」「くだ(る)」の訓読みと「カ」「ゲ」の音読みがある。

11 かね
12 た
13 みかづき ×みかずき
14 のぼ ×あが
15 なな
16 はち(はっ)

11 かん字の かき 1

1 空
2 気
3 川
4 犬 ×大
5 早
6 村
7 土
8 小
9 花
10 名
11 貝 ×見
12 入
13 草
14 中
15 森
16 林

注意 「森」は「もり」、「林」には、「はやし」の訓読みがある。

12 かん字の かき 2

1 千
2 年
3 百
4 本
5 一
6 二
7 田
8 見 ×貝
9 耳
10 目

注意 体の部分を表す漢字も、まとめて覚えるとよい。一年では「目」「耳」のほか、「口」「手」「足」がある。

11 上
12 六
13 先
14 生
15 女
16 糸

13 かん字の かき 3

1 五
2 九
3 天
4 気
5 小
×子
6 石
7 虫
8 花
9 白
10 青
11 名
12 学
13 正
14 月
15 町
16 七

14 かん字の かき 4

1 音
2 足
3 右
4 左
5 大
6 下
7 手
8 円
9 休
10 生
11 口
12 文
13 年
14 車
15 力
16 男

15 かん字の かき 5

1 立
2 夕
3 山
4 林
5 火
6 子
7 空
8 赤
9 森
10 木

注意 「木」「林」「森」は、文字の成り立ちとともに、まとめて覚える。

11 玉
×王
12 竹
13 雨
14 水
15 学
16 校

16 かん字の かき 6

1 八
2 足
3 土
4 下
5 十
6 五

注意 「十五夜」と書く。上の二字が下の一字を修飾している三字熟語に、「月曜日」「水平線」「一輪車」などがある。

7 王
8 金
9 三
10 出
11 四
12 人
13 女
14 車
15 正
16 音

17 かん字の かき 7

1 森
2 入
3 大
4 小
5 虫
6 見
7 土
8 手
9 下
10 車
11 気
12 空
13 木
14 日
15 十
16 手

18 かん字の かき 8

1 男
2 子
3 五
4 目
5 先
6 出
7 下
8 火
9 白
10 上

注意 「あ(げる)」「うえ」「かみ」「のぼ(る)」の訓読みと「ジョウ」の音読みがある。

11 左
12 右
13 力
14 名
15 土
16 子

19 かん字の かき 9

1 百
2 足
3 水
4 花
5 雨
6 音
7 人
8 八
9 本
10 立
11 四
12 九
13 入
14 二
15 王
16 女

20 かん字の かき 10

1 一
2 石
3 天
4 空
5 中
6 立
7 青
8 年
9 七
10 人
11 上
12 下
13 火
14 気

注意 「キ」「ケ」の音読みだけである。

15 生
16 円

21 よみがな1

1 1
2 2
3 1
4 1
5 1
6 2
7 1

注意
「直音」（仮名一字で書き表すもの）、「促音」（つまる音）、「拗音」（しゃ・しゅ・きゃ・きょ・みゃのように二字の仮名で書き表すもの）、および、「い↓え・お↓う・う↓お」の母音のまちがえやすいもの、また、熟語になったときに読み方がかわるもの、を区別できるかを問う問題。

22 よみがな2

1 1

注意
「ななくさ」と読む。「七」の読み方は難しい。

「七五三・しちごさん」

「七月・しちがつ」

「ほくと七せい・ほくとしちせい」

「七色・なないろ」

「七日・なのか」

などがある。

「七夕・たなばた」は特別な読み方。

2 2
3 1
4 1
5 1
6 1
7 2

23 よみがな3

1 1
2 2
3 1

注意
「じゅうえん」と読む。「十」の読み方で「じゅう」と「じっ」に注意。

「十人・じゅうにん」

「十月・じゅうがつ」

「十本・じっぽん」

「十こ・じっこ」

「十ぴき・じっぴき」

などがある。ほかに「十日・とおか」「十色・といろ」の読みもある。

4 2
5 1
6 1
7 2

24 よみがな4

1 1
2 2
3 2
4 1
5 2
6 2
7 2

25 かきじゅん1

1 5
2 2

注意 亅→オ→オ→水の順に書く。

3 4
4 3
5 2
6 3

注意 丨→冂→冂→田→田の順に書く。

7 4
8 3
9 6
10 5
11 5
12 2
13 1
14 4
15 4
16 3

26 かきじゅん2

1 4
2 5
3 2

注意 ノ→ナ→オ→右→右の順に書く。

4 5
5 3
6 3
7 3
8 9

注意 一→十→オ→木→木→杧→杧→校→校→校の順に書く。

9 3
10 5
11 3
12 1
13 2
14 3
15 2
16 3

27 かきじゅん3

1 6
2 2
3 4
4 5
5 4
6 1
7 5
8 3
9 2
10 5
11 1
12 4
13 3
14 1
15 2
16 4

28 かきじゅん4

1 2
2 3
3 3
4 4
5 3
6 1
7 2
8 3
9 3
10 2
11 6
12 4
13 3
14 2
15 2
16 2

29 かくすう1

1 8
2 4

注意 丶→丷→火→火の順に書く。

3 3
4 5
5 6
6 5
7 8
8 4
9 3

注意 く→女→女の順に書く。

10 4
11 8
12 4
13 3
14 5
15 6
16 5

30 かくすう2

1 7
2 7
3 5
4 6

注意 丨→冂→日→日→旦→早の順に書く。

5 7
6 6
7 8
8 4
9 4
10 5
11 4

注意 一→ナ→大→犬の順に書く。4画目の「丶」を忘れないように。

12 6
13 7
14 4
15 5
16 7

31 かくすう3

1 7
2 12
3 6
4 8
5 6
6 4
7 7
8 6
9 7
10 9
11 3
12 10
13 8
14 4
15 6
16 5

32 おんよみとくんよみ1

1 げつ
2 つき

注意 「月」には、「ガツ」という音読みもある。「一月」「正月」など。

3 がっ
4 まな

注意 3は「がく」ではなく、「促音(つまる音)」の入った「がっ」と読む。

5 ど
6 つち
7 しゃ
8 くるま

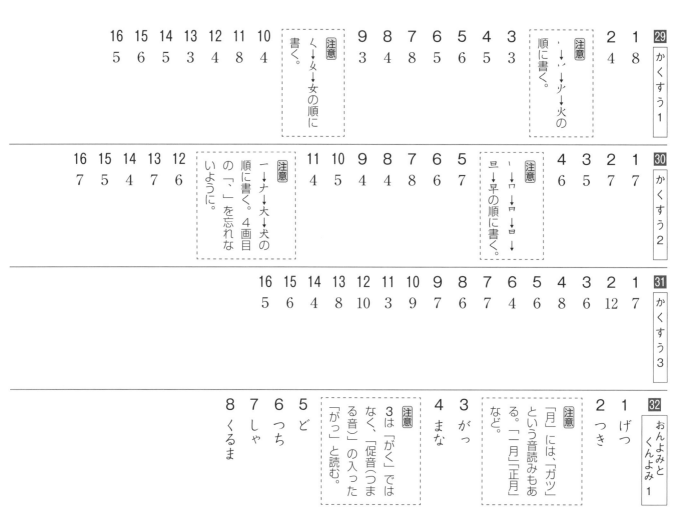

33 おんよみと くんよみ 2

1 か
2 はな
3 く
4 ここの

注意 「九」には、「キュウ」という音読みもある。「九本」「九十円」など。

5 めいじん
6 な
7 おん
8 おと

注意 「音」には、「ね」という訓読みもある。「音色」「笛の音」など。

34 おんよみと くんよみ 3

1 しょうがつ
2 ただ
3 きん
4 かね

注意 「金」には、「コン」という音読みもある。「黄金」「金堂」など。また「かな」という訓読みもある。「金物」など。

5 しゅ
6 て
7 くうき
8 そら

注意 「空」には、「あ(く)」「あ(ける)」「から」の訓読みもある。「空き地」「空き家」「手が空く」「家を空ける」「空手」「空箱」など。

35 おんよみと くんよみ 4

1 ちょう
2 まち
3 りき ×りょく
4 ちから
5 ちく
6 たけ
7 し
8 いと

36 おんよみと くんよみ 5

1 せん
2 さき
3 しゅつ
4 で
5 う
6 みぎ
7 にゅう
8 はい

37 おんよみと くんよみ 6

1 けん
2 み
3 そう
4 はや
5 てん
6 あま
7 じ
8 みみ

---

38 たいぎご・るいぎご 1

1 白
2 雨
3 上
4 小
5 土
6 早
7 三
8 王
9 草
10 村
11 天
12 川
13 百
14 休
15 子
16 夕

注意 対義語とは「対をなす」「反対の意味をもつ」語のこと。「朝↕夕」「上↕下」「左↕右」「男↕女」など。

---

39 たいぎご・るいぎご 2

1 水
2 足
3 耳
4 森
5 青
6 中
7 口
8 田
9 男
10 立
11 竹
12 糸
13 貝
14 文
15 左
16 石

注意 類義語とは「似た意味をもつ」語のこと。「岩＝石」「花＝草」、「決心＝決意」「体験＝経験」など。

---

40 たいぎご・るいぎご 3

1 学
2 出
3 先
4 犬
5 玉
6 月
7 見
8 千
9 八
10 休
11 車
12 正
13 字
14 生
15 金
16 気

じつりょくかんせいテスト1

[1]

1 てんき
2 ひ
3 はやし
4 しろ
5 ゆう
6 つき
7 こ
8 あか
9 くるま
10 まち
11 で
12 あめ
13 やす
14 だま
15 ひと
16 ど
17 にん
18 やま
19 きん
20 まる

注意 16「土」、17「人」、19「金」はすべて音読みする。

[2]

1 1
2 1
3 1
4 1
5 2

[3]

1 5
2 3

注意 丨→冂→円→円の順に書く。

3 4
4 1
5 4
6 6
7 5

注意 ノ→𠂉→𠂉→气→気→気の順に書く。

8 8
9 2
10 2

注意 一→T→干→王の順に書く。

[4]

1 や
2 び
3 く
4 ぐ
5 し
6 か
7 お
8 せ
9 ぎ
10 こ

[5]

1 すい
2 みず
3 もく
4 き
5 そく
6 あし

注意「足」には、「た(りる)」「た(る)」「た(す)」の訓読みもある。

7 か
8 ひ
9 か
10 した

注意「下」には、「ゲ」という音読みもある。「下山」「下水」「下校」など。「し(も)」「さ(げる)」「くだ(る)」「お(りる)」などの訓読みもある。

6
1 男
2 犬
3 竹
4 文
5 森
6 田
7 早
8 入
9 四
10 立

7
1 三
2 音
3 先
4 上
5 石
6 百
7 花
8 草
9 青
10 大
11 貝
12 十

注意 一から十、百・千は確実に覚える。

13 右
14 左
15 手
16 川
17 虫
18 学
19 目
20 耳

じつりょくかんせいテスト2

1
1 ごがつ
2 そら
3 なな
4 はや
5 むら
6 ひと
7 ちい
8 いっ
9 さき
10 いし
11 はち（はっ）
12 み
13 もり
14 なか
15 おと
16 もく
17 び
18 ほん
19 か
20 た

10級 答え

2
1 2
2 1
3 2
4 1

注意 「四」には、「よ」「よ(つ)」「よん」の訓読みもある。

5 1

3
1 3
2 3
3 2
4 4

注意 ノ→𠂉→𠂉→𠂉→𠂉→年の順に書く。

5 2
6 3
7 2
8 5
9 4
10 5

4
1 ゆ
2 み
3 で
4 ゆ
5 が
6 げ
7 こ
8 そ
9 て
10 じ

5
1 がっ
2 まな
3 に
4 ふた
5 せんせい
6 う

注意 「生」には、「ショウ」という音読みもある。「一生」「誕生」など。また、「い(きる)」「は(える)」「なま」などの訓読みもある。

7 く
8 ここの
9 だんし
10 おとこ

6
1 円

注意 「円」には「まる(い)」の訓読みもある。

2 金
3 土
4 左
5 林
6 大
7 口
8 千
9 貝
10 上

7

1 休
2 町
3 出
4 雨
5 校
6 水
7 山
8 正
9 名
10 天
11 気
12 車
13 玉
14 六
15 入
16 夕
17 赤
18 火
19 足
20 力